GW00470207

Les phosphorescents

Niveau **5 – B1**

ADRIEN PAYET

Direction de la production éditoriale : Béatrice Rego – Édition : Élisabeth Fersen – Marketing : Thierry Lucas – Conception graphique et mise en page : Miz'enpage – Illustrations : Carlos Bribián Luna – Recherche iconographique : Clémence Zagorski – Enregistrements : Vincent Bund – CLE International / SEJER 2012 – ISBN : 978-2-09-03-1338-3

Sommaire

Présentation

Genre Science-fiction - aventure

Résumé Éva promène son chien, comme tous les soirs, quand quelque chose d'extraordinaire se produit. Une famille apparaît de nulle part devant ses yeux. Mais qui sont ces personnes qui ressemblent tellement à ses parents ? Éva leur propose son aide, c'est alors que les problèmes commencent...

Thèmes Les voyages - les habitudes et particularismes culturels - l'écologie.

 Les personnages

Éva

Elle aide les visiteurs. C'est le personnage principal de l'histoire. Elle n'a pas peur du danger et a une grande curiosité.

Tom

C'est le fils d'Anz et d'Ivory. Il vient d'un autre monde. Il est beau et très courageux.

Anz et Ivory

Ce sont les parents de Tom. Ils ressemblent aux parents d'Éva et brillent comme leur fils.

Kissy

C'est la chienne d'Éva. Elle est petite et aime jouer avec tous les chiens, même les plus étranges...

Beebop

C'est le chien de Tom. Il est très spécial. Il est gigantesque et son poil est vert et jaune.

Mr et Mme Gauth

Ce sont les parents d'Éva. Ils sont aimables et compréhensifs. Ils aiment aider les personnes qui ont des problèmes.

1. Regarde les illustrations du livre et réponds.

À ton avis....

a. Pourquoi ce livre s'appelle *Les phosphorescents* ?

....

b. D'où vient l'étrange famille ?

....

c. Observe le physique des parents d'Éva et de Tom.
Qu'est-ce que tu remarques ?

....

2. Relie le mot à sa définition.

a. Des jumeaux •

b. Des sosies •

c. Des clones •

d. Des doubles •

• 1. Des personnes qui se ressemblent beaucoup.

• 2. Des êtres génétiquement identiques.

• 3. Des frères ou des sœurs nés en même temps.

• 4. Deux fois la même personne.

3. Réponds aux questions.

a. Observe le chien de Tom. Quelles sont ses particularités ?

....

b. À ton avis, quelle est la relation entre les deux jeunes de l'histoire
(Tom et Éva) ?

....

4. Complète à ta façon cette définition.

Un roman de science-fiction, c'est un livre qui raconte une histoire qui
se passe dans le .... tel qu'on peut l'....................

CHAPITRE UN

Les visiteurs

Il est 20 h 45. Comme tous les soirs après dîner, Éva sort Kissy, sa chienne. Elle aime observer les gens qui se promènent avec leur animal dans le square de la mairie. C'est incroyable la diversité qui existe chez les chiens : il y en a des petits, des énormes, des minces, des gros... et, plus étrange encore, ils ressemblent toujours à leur maître. Enfin, presque toujours...

Ce soir, il y a une atmosphère particulière dans le square. Éva voit plusieurs chiens grogner[1] sans raison, face à la fontaine. Puis elle entend un très grand bruit. Une lumière intense et verte apparaît dans le ciel. Il y a beaucoup de vent. Éva ferme les yeux et cache son visage dans ses mains. Elle entend un nouveau bruit... comme quelque chose qui tombe. Chplaf ! Puis c'est le silence.

Éva ouvre lentement les yeux et voit Kissy jouer avec un autre chien. Peut-on vraiment appeler cela un chien ? Il a un corps vert avec de longues oreilles jaunes et des pattes fines et très longues, un peu comme celles d'une girafe. Il est à la fois ridicule et majestueux[2]. Éva n'a jamais vu un animal aussi étrange. Elle tourne la tête vers le centre du square et là, quelle surprise ! Elle voit ses parents à l'intérieur de la fontaine !

1. Grogner : quand un chien grogne, il fait un bruit sourd avec sa gorge.
2. Majestueux : noble, grandiose.

Ils portent d'étranges vêtements et produisent une lumière surnaturelle. À côté d'eux, il y a un garçon qu'elle ne connaît pas. Éva croit d'abord à une hallucination ; elle se frotte les yeux pour être sûre qu'elle ne rêve pas. Elle ouvre à nouveau les yeux. Ils sont toujours là, elle les entend parler.

– Ah, nous voilà arrivés chez nous !

– Oui, tu as raison, nous sommes dans le square de la mairie.

– C'est formidable, on a enfin réussi !

Éva s'approche lentement de la fontaine.

– Maman ? Papa ? Mais... qu'est-ce que... qu'est-ce que vous faites ici ?

– Pardon ?! répond la femme.

– Maman, tu ne me reconnais pas ? Je suis ta fille, Éva !

– Vous vous trompez, mademoiselle. Je n'ai pas de fille...

– Mais enfin... je...

Éva ne sait plus quoi dire. Ces personnes ressemblent telle-ment à ses parents, la même voix, le même visage, la même expression...

L'homme ne semble pas avoir écouté la conversation. Il ob-serve attentivement le square et dit :

– Nous avons fait une erreur de calcul.

– Tu veux dire que...

– Ce monde est très similaire, mais ce n'est pas le nôtre ! Et nous avons un autre problème...

– Quoi encore ?! dit le jeune homme.

– Le générateur de propulsion est cassé. Sans lui, nous ne pouvons pas repartir.

De quoi parlent ces gens qui ressemblent à ses parents ? Éva a peur et ne comprend pas ce qui se passe, mais elle a un pressentiment[3]. Elle doit les aider, elle ne sait pas pourquoi, mais c'est comme ça.

Autour d'eux, des curieux s'approchent à cause de la lumière. Ils photographient l'étrange bête jaune et verte. Les chiens poursuivent[4] l'animal. Des gens crient et courent dans le square.

– Vite, suivez-moi, dit Éva.

---

3 Avoir un pressentiment : avoir l'impression qu'une chose va se produire avant qu'elle ne se produise.

4. Poursuivre : courir derrière.

Ⅱ Activités chapitre un

1. L'apparition. Vrai ou faux ? Coche.

	VRAI	FAUX
a. Les personnes qui apparaissent sont phosphorescents.	❏	❏
b. Ils sont habillés normalement.	❏	❏
c. Ce sont les parents d'Éva.	❏	❏
d. Ils n'ont pas de fille.	❏	❏
e. Éva veut les aider.	❏	❏

2. Les visiteurs. Réponds aux questions.

a. Où pensent-ils être arrivés ?

....

b. Est-ce vrai ? Justifie ta réponse.

....

c. Comment cela a-t-il pu se produire ?

....

d. Ils ont un autre problème. Lequel ?

....

e. Quelle est la conséquence de ce nouveau problème ?

....

3. Trouve, dans le texte, le synonyme de ces adjectifs.

a. magique : ....

b. spécial : ....

c. semblable : ....

d. grandiose : ....

4. Détente.

Expressions françaises avec le mot *chien*.

Relie l'expression à sa signification.

a. Se disputer souvent. •

• 1. Les chiens ne font pas des chats.

b. Avoir des difficultés à réaliser quelque chose. •

• 2. Un temps de chien.

c. Un mauvais temps. •

• 3. Être comme chien et chat.

d. Les enfants ressemblent à leurs parents. •

• 4. Avoir un mal de chien à...

b. Invente une nouvelle expression avec le mot *chien* et écrit sa signification.

Expression : ....

Ça veut dire : ....

CHAPITRE DEUX

Chez Éva

Les trois individus marchent derrière Éva. Ils brillent dans le noir. Éva est inquiète. Elle regarde tout le temps autour d'elle. Elle essaie d'aller vite mais c'est difficile car l'homme s'étonne de tout[1]. Il s'arrête souvent pour observer des choses tout à fait banales : une poubelle, un feu rouge, une voiture...
– On dirait notre quartier..., dit la femme avec nostalgie.

1. S'étonner de tout : trouver tout étrange.

– C'est vrai, mais il y a des différences, répond l'homme. Les rues sont très sales et l'air est tellement différent...

– Regarde, chéri, c'est incroyable ! C'est notre immeuble ! dit la femme.

– Nous sommes peut-être voisins, dit Éva sans croire à ce qu'elle dit. C'est ici que j'habite. Venez, je vais vous présenter à mes parents.

Ils entrent dans le hall de l'immeuble et l'homme demande :

– C'est quoi cette cage ?

– Ce n'est pas une cage, c'est un ascenseur. J'habite au 13e étage, on ne va pas monter à pied !

– Vous voulez dire que cette « chose » monte dans le ciel ?

– Heu... oui, on peut dire ça comme ça..., répond Éva.

– Moi, je ne veux pas monter là-dedans, dit la mère.

Éva ne sait pas quoi dire. Ces gens sont vraiment étranges... elle commence à se demander si c'est une bonne idée de les inviter chez elle.

– Vous pouvez monter par l'escalier, si vous voulez. Moi, je prends l'ascenseur.

Monsieur et madame Gauthier, les parents d'Éva, ouvrent la porte et restent un moment sans voix devant leur sosie. Pas étonnant : imaginez qu'un jour votre double vienne sonner à votre porte ! Que feriez-vous ? Sans un mot, Éva fait vite entrer les trois individus et referme la porte.

Les parents d'Éva continuent à observer les trois personnages. Ils sentent un mélange de surprise, de curiosité et de peur.

– Qui êtes-vous ? demande enfin la mère d'Éva.

– Je m'appelle Ivory. Voici mon mari, Anz, et mon fils, Tom. Nous nous sommes perdus et votre fille nous a proposé son aide. Ça ne vous dérange pas ?

- Heu... non... non, répond madame Gauthier.

Monsieur et madame Gauthier proposent à leurs invités de s'asseoir dans le salon. Ils s'observent à nouveau en silence. Leurs vêtements et leurs coiffures sont différents, mais à part ces détails, les deux couples[2] sont complètement identiques.

- Qui êtes-vous ? répète madame Gauthier.

- Vous savez... c'est difficile à croire..., dit Anz.

- Vous avez remarqué que nous sommes identiques, continue Ivory. C'est parce que nous sommes les mêmes personnes mais... nous vivons dans un monde différent...

- Comment ça, un monde différent... ? Vous n'allez pas nous faire croire que vous venez d'une autre planète !

- Non, mais nous venons d'un monde parallèle.

- Un monde parallèle... ?!

- Oui, il existe des milliers de mondes comme le vôtre, explique monsieur Anz. Nous en avons visité plusieurs ces derniers temps... Nous avons vu des mondes où les dinosaures existent encore, d'autres où les océans ont recouvert toute la planète... Nous avons voulu rentrer chez nous, mais j'ai fait une erreur de calcul et nous sommes arrivés dans votre monde.

- C'est vrai, maman, dit Éva. Ils se sont matérialisés devant mes yeux.

- On commençait à nous poursuivre à cause de notre chien, Bee-bop, raconte le garçon. Mais heureusement, votre fille était là !

Une expression de peur apparaît sur le visage de madame Gauthier. Elle regarde l'étrange chien bicolore qui dort tranquillement sur le tapis.

- Nous avons besoin de votre aide, dit monsieur Anz. Notre générateur de propulsion ne fonctionne plus.

2. Un couple : un homme et une femme forment un couple.

– Votre... quoi ? demande madame Gauthier.

Monsieur Anz lui montre un petit appareil semblable à une télécommande.

– Notre générateur de propulsion... Nous devons le réparer, sinon nous ne pourrons pas rentrer chez nous. Vous voulez bien m'ai-

der ? dit-il à monsieur Gauthier. Comme vous êtes inventeur...

– Oui, c'est vrai..., c'est ma profession. Mais... comment savez-vous cela ?!

– Vous oubliez que nous sommes vos doubles ! Dans notre monde, je suis inventeur. Donc, logiquement, nous avons le même métier. Alors, vous êtes d'accord ?

– Heu... oui, bien sûr, mais je ne sais pas si j'en suis capable. Venez, je vais vous montrer mon atelier[3].

– J'image que vous êtes fatigués après toutes ces aventures, dit madame Gauthier qui est un peu plus tranquille. Si vous voulez, vous pouvez passer la nuit ici.

– Nous acceptons avec plaisir, dit Ivory. Merci.

---

3. Un atelier : lieu où travaille un artisan, un peintre, un inventeur...

ⓘ Activités chapitre deux

1. Relie chaque personnage à ce qu'il ressent dans la première partie du chapitre.

a. l'homme •   • 1. stressé(e)

b. la femme •   • 2. curieux(se)

c. Éva •   • 3. nostalgique

2. Les mondes parallèles. Réponds aux questions.

a. Retrouve, dans le texte, une similitude entre le monde d'Éva et celui des visiteurs.

....

....

b. Retrouve deux différences.

....

....

c. Comment sont les mondes qu'Anz et sa famille ont visités ?

....

....

3. Les parents. Coche les phrases vraies.

a. Les parents de Tom ressemblent beaucoup
à ceux d'Eva. ❑

b. Ils ont la même coiffure. ❑

c. Au début, madame Gauthier a un peu peur. ❑

d. Les Gauthier savent que les mondes
parallèles existent. ❑

e. Anz et monsieur Gauthier ont la même profession. ❑

f. Anz demande à monsieur Gauthier de l'aider
à réparer le générateur. ❑

g. Madame Gauthier demande aux visiteurs de partir. ❑

**4. Décris un des mondes que la famille de Tom a visités
comme tu l'imagines.**

Dans ce monde, il y a ....

....

....

....

....

....

....

....

CHAPITRE TROIS

À la recherche du catalyseur

9 h 30. Éva se réveille lentement. Elle vient de faire un rêve complètement fou. Un chien jaune et vert, des hommes lumineux venus de mondes parallèles... Elle rit. Quelle imagination ! Aujourd'hui, c'est samedi, il n'y a pas école. Elle reste dans le lit et pense à son rêve... Il y avait un garçon.... Comment s'appelait-il déjà ? Ah oui, Tom. Il était beau ! Et le chien, comment s'appelait le chien ?... Bob, non, Bebeep, non, ce n'est pas ça... Ah oui, Beebop ! Elle s'amuse à prononcer son nom, Beebop... Viens, Beebop... Beeeeeebop, où es-tu ?
Et soudain...
...une forme jaune et verte saute sur le lit. Éva crie. Sa mère arrive quelques secondes plus tard dans la chambre.
- Qu'est-ce qui se passe ? Il t'a fait mal ?
- Oh non, pas du tout.... c'est que... il m'a surprise, c'est tout...
- Lève-toi, ma fille, nos invités sont déjà debout.
Ce n'est donc pas un rêve !
- Oui, maman, j'arrive...

Quand Éva entre dans la cuisine, monsieur Anz est en train de faire une démonstration à ses parents. Il allume tous les appareils électriques quand il approche sa main de l'objet. Il fait griller[1] le pain en moins de 2 secondes, chauffer de l'eau en 3 secondes et change les chaînes de télévision en claquant des doigts.

---

1. Griller : faire cuire à feu vif sur le gril.

– C'est incroyable, n'arrête pas de répéter monsieur Gauthier.
– Mais non, c'est très simple ! dit monsieur Anz. Tout est une question d'énergie. Pour produire de l'énergie, il faut des matières premières : l'eau, le pétrole, le gaz... et quand il n'y a plus de matières premières, il faut bien trouver une solution ! Dans notre monde, c'est mon ami, le docteur Dran, qui a eu l'idée d'utiliser l'énergie humaine...
– L'énergie humaine... ?!
– Oui, vous savez qu'il y a de l'électricité partout, même dans

notre corps. Le problème, c'est que nous utilisions seulement un pour cent de notre potentiel. Grâce à un système de transformateur d'énergie et un changement radical d'alimentation, nous produisons aujourd'hui une énergie suffisante pour faire vivre toute la planète.

– Et que mangez-vous ?

– La spécialité culinaire, chez nous, c'est le poisson des abysses[2]. Ce sont des poissons qui brillent au fond des océans. Vous en avez déjà mangé ?

– Heu... non.

– Vous devriez essayer, c'est délicieux !

Dans l'atelier de monsieur Gauthier, les deux scientifiques travaillent sur le générateur depuis des heures. Impossible de le faire fonctionner. Ils découvrent enfin ce qui ne va pas. Il manque une pièce : le catalyseur...

– Les enfants, vous pouvez chercher le catalyseur ? Il a dû tomber dans la fontaine pendant l'atterrissage... Et sortez les chiens en même temps, Beebop à besoin d'air.

– Oui, papa, dit Tom.

– Il faut d'abord le déguiser, propose Éva, il est vraiment trop différent des autres chiens.

Aussitôt dit, aussitôt fait[3] ! Ils habillent Beebop avec des tissus pour cacher ses poils colorés.

Les deux adolescents sortent dans la rue avec leurs chiens. Ils ont l'impression que tout le monde les regarde. Certaines personnes font même des commentaires :

– Pauvre chien !

2. Un abysse : fosse océanique très profonde.
3. Aussitôt dit, aussitôt fait : locution qui signifie : on dit une chose et on la fait immédiatement.

Les deux jeunes passent devant un kiosque à journaux et s'arrêtent brusquement. Sur la première page d'un journal, il y a une photo de Beebop dans le square de la mairie et ce titre, écrit en grosses lettres : *Un monstre en liberté !*
Éva et Tom repartent vers l'appartement pour avertir leurs parents quand, soudain, un homme crie :
– Eh, là-bas ! C'est l'horrible bête du journal ! Arrêtez-les !
Éva, Tom et les deux chiens courent à toute vitesse. L'homme est juste derrière eux et continue de crier. D'autres personnes font comme lui et bientôt, ils sont une dizaine à les poursuivre. Au coin d'une rue[4], Éva et Tom se cachent der-

rière une poubelle. Les hommes passent sans les voir.
– Qu'est-ce qu'on fait maintenant ?
– Entrons dans le jardin botanique, propose Éva. Je connais une cachette[5].

4. Au coin d'une rue : à l'endroit où deux rues se coupent.
5. Une cachette : endroit où se cacher, se dissimuler.

1. Le lendemain matin. Réponds aux questions.

a. Quand elle se réveille, qu'est-ce qu'Éva croit ?

....

b. Comment se rend-elle compte que tout est vrai ?

....

2. L'énergie. Vrai ou faux ? Coche.

	VRAI	FAUX
a. Dans le monde d'Anz, il y avait un problème d'énergie.	❏	❏
b. Anz a inventé un nouveau moyen de produire de l'électricité.	❏	❏
c. On peut utiliser l'énergie humaine grâce à un transformateur.	❏	❏
d. Dans le monde parallèle de Tom, on produit assez d'énergie pour vivre sans problème.	❏	❏

3. L'alimentation. Réponds aux questions.

a. Cite un aliment apprécié par les habitants du monde de Tom.

....

....

b. Où trouve-t-on cet aliment ?

....

....

4. La poursuite. Remets les événements dans l'ordre.

　　　Ordre　　Tom et Éva...

N° ...... **a.** entrent dans le jardin botanique.

N° ...... **b.** découvrent un article de presse.

N° ...... **c.** sont poursuivis par des passants.

N° ...... **d.** déguisent Beebop.

N° ...... **e.** se cachent derrière une poubelle.

N° ...... **f.** sortent les chiens.

5. Détente.

a. Charade.

Mon premier est les deux premières syllabes

du mot *catastrophe* : ....

Mon deuxième est la deuxième personne du singulier

du présent de l'indicatif du verbe *lire* : tu ....

Mon troisième est ce que t'indique ta montre : l' ....

Mon tout est ce que Tom et Éva vont chercher : le ....

....

b. Trouve l'homophone (se dit de mots qui se prononcent

de la même façon) de ces mots dans le chapitre.

1. riz : ....

2. pin : ....

3. haut : ....

4. sent : ....

CHAPITRE QUATRE

Qu'est-ce qu'on peut faire ?

Quelque part dans un monde parallèle, Atazaï pleure.

Elle n'a pas de nouvelles de Tom depuis un mois. Les cours ont commencé et tout le monde s'inquiète pour lui. Quelle idée de passer ses vacances dans les mondes parallèles ! Elle savait que c'était une folie[1]... Pourquoi il n'est pas parti avec elle dans ce magnifique centre de vacances sous-marin ? Mais non, il faut toujours qu'il fasse des choses extraordinaires !

Elle appelle encore une fois le répondeur de son téléphone... *Vous n'avez aucun message. Pour écouter vos anciens messages, tapez sur...* Elle jette le téléphone sur son lit et sort de sa chambre.

- Où vas-tu, Atazaï ? demande son père.

- Je vais à Tahiti. Tom n'est toujours pas rentré, ce n'est pas normal. J'aimerais en parler au Docteur Dran.

- C'est un homme très occupé, je ne sais pas si...

- C'est la seule personne capable de retrouver Tom. Et puis, c'est un grand ami de son père. Il va m'aider, j'en suis sûre !

- Bon, très bien, mais reviens pour le déjeuner.

Elle entre dans le *télétransportateur*. C'est une machine métallique et circulaire qui permet de voyager en seulement quelques secondes dans toute la planète. Elle sélectionne le lieu sur l'écran digital : *Tahiti - Université de Huahiné*, puis

---

1. Une folie : une chose folle, absurde.

elle ferme les yeux et pense à son amoureux, perdu quelque part dans une terre inconnue.

Dans l'appartement des Gauthier, les deux femmes boivent un café dans la cuisine et parlent de leur monde respectif. Madame Gauthier est passionnée par les autres cultures et s'intéresse à tout. Elle écoute Ivory lui parler d'écologie, d'éducation ou encore de politique quand soudain...
...le four à micro-onde s'allume tout seul et fait un bruit infernal[2] !
- Mais... qu'est-ce qui se passe ?! s'exclame madame Gauthier.
Ivory s'approche du four et ce dernier explose. Une petite fumée[3] blanche sort de la machine. Tous les appareils électriques de la cuisine s'allument puis explosent aussi. Ivory est tombée sur le sol. Elle ne brille plus. Sa peau est très

2. Infernal : difficile à supporter.
3. Une fumée :

blanche. Elle répète d'une voix faible :
- Besoin *Chtok*... respirer... pollution...

Madame Gauthier court dans l'atelier pour avertir son mari. Les lumières de l'appartement s'allument et s'éteignent sans cesse. Anz est aussi par terre et il ne peut plus bouger.
- Je ne comprends pas ce qui se passe..., dit monsieur Gauthier à sa femme.
- Ivory est dans le même état. Vite, aide-moi, nous allons les transporter jusqu'à la fenêtre du salon.
Monsieur et madame Gauthier essaient de le déplacer, mais... impossible ! À chaque fois qu'ils touchent Anz, cela produit des étincelles[4] et les Gauthier reçoivent des décharges électriques. Ils essaient une nouvelle fois avec Ivory, mais la même chose se produit.
Que faire... ?
Appeler un médecin ? Non, pas question ! S'il découvre l'origine de Anz et Ivory, ils deviendront des bêtes de laboratoire[5]...
Appeler la police ? Non, on ne croirait jamais leur histoire !
Monsieur et madame Gauthier sont très inquiets car les enfants ne sont toujours pas rentrés. Le jeune Tom est sans doute malade, lui aussi. Ils essaient d'appeler Éva sur son portable, mais leur téléphone ne fonctionne plus.

4. Une étincelle :
5. Une bête de laboratoire : animal qu'on utilise dans les laboratoires pour faire des recherches médicales : des souris, par exemple.

1. Atazaï. Réponds aux questions.

a. Pourquoi Atazaï est inquiète. ....

....

b. Où voyage-t-elle et pour quoi faire ? ....

....

c. À ton avis, quelle est la relation entre Tom et Atazaï ?

....

2. Le malaise. Vrai ou faux ? Coche et justifie ta réponse avec une phrase du texte.

	VRAI	FAUX
a. Les machines électriques explosent.	❏	❏
b. Anz et Ivory sont malades.	❏	❏
c. Les Gauthier portent Anz à la fenêtre.	❏	❏
d. Ils décident d'appeler un médecin.	❏	❏
e. Ils essaient d'appeler Éva sur son téléphone portable.	❏	❏

3. Réponds aux questions.

a. À ton avis, pourquoi Anz et Ivory sont malades ?

....

....

b. Que se passe-t-il quand les Gauthier touchent Anz ?

....

....

c. Pourquoi les Gauthier n'appellent pas la police ?

....

....

4. Détente.

a. Appareils électriques. Relie le mot au dessin.

A. un grille-pain   •   • 1

O. un micro-onde   •   •   2

U. une télévision   •   • 3

E. un réfrigérateur   •   •   4

S. un ordinateur   •   • 5

C. une machine à laver   •   •   6

R. un radiateur   •   • 7

b. Trouve le code avec les lettres de l'activité 4a
et déchiffre le message secret.

```
2   1       7   5   4   6   1   3   7
A   _       _   _   _   _   _   _   _
```

CHAPITRE CINQ

Le *Chtok*

Éva et Tom sont cachés depuis deux heures dans le tronc d'un immense baobab[1]. Ils sont collés l'un contre l'autre à cause du peu d'espace ; les chiens sont près d'eux. Pendant

1. Un baobab : très gros arbre d'Afrique tropicale.

leur course folle, le pauvre Beebop a perdu son déguisement. Des gens continuent à les chercher dans le parc. Impossible de sortir de leur cachette !

Tom a les mêmes symptômes que ses parents. Il souffre de la pollution et ne brille plus.

– Je n'arrive pas à appeler mes parents et je ne sais pas pourquoi, dit Éva.

– Il faut faire quelque chose, j'ai besoin d'énergie et mes parents aussi ! s'exclame Tom. Il faut leur donner ça...

Tom sort un flacon avec un liquide vert à l'intérieur.

– Qu'est-ce que c'est ? demande Éva.

– Ça s'appelle du *Chtok*, c'est une boisson énergisante à base d'essences naturelles. Ils doivent en boire sinon...

– Je ne peux pas te laisser seul dans cet état, dit Éva. Comment faire... ?

– Kissy, ta chienne...

– Oui, bien sûr ! Kissy connaît le chemin pour arriver chez nous. Éva trouve un papier et un crayon dans sa poche. Elle écrit qu'ils sont dans le jardin botanique. Puis elle attache le message et le flacon autour du cou de Kissy et lui dit :

– Va à la maison, ma belle, vite, vite !

Les deux chiens partent à toute vitesse.

– Oh, non ! Beebop est parti avec elle... j'espère que personne ne les attrapera.

21 h 18.

La nuit commence à tomber sur le jardin botanique. Les gens ont abandonné leur recherche et les derniers visiteurs s'en vont. Éva regarde autour d'elle. Tout va bien, il n'y a plus personne. Tom pose sa tête et ses mains sur la base de l'arbre. Il ferme les yeux et se concentre. Il y a brusquement une lumière très vive. Sous les vêtements du jeune homme, des milliers de couleurs s'allument. La lumière devient tellement forte à l'intérieur de l'arbre qu'Éva est obligée de sortir. Le spectacle est

magnifique, l'arbre brille de mille couleurs dans la nuit.

Tom sort de l'arbre. Il a l'air en meilleure forme mais il est inquiet pour ses parents. Les chiens vont-ils arriver à temps... ?

– Il faut retrouver le catalyseur, dit-il.

– Allons-y, le square n'est pas loin.

Quelques minutes plus tard, Tom et Éva arrivent au square de la mairie. Ils s'arrêtent brusquement ! Des employés de la mairie sont en train de laver la fontaine.

– Espérons qu'ils n'ont pas récupéré le catalyseur, dit Tom. Sinon nous sommes perdus !

Éva s'approche d'un employé qui a un aspirateur dans les mains. Il ne l'entend pas à cause du bruit que fait la machine. Il l'arrête une minute, se retourne, voit les deux jeunes et dit :

– Oh la la ! Il est bizarre, votre ami... pourquoi il brille comme ça ?

– Heu... c'est normal. C'est à cause de... de ses médicaments, ce sont des effets secondaires...

– Ah oui ? Le pauvre... J'ai toujours dit que c'est mauvais de prendre trop de médicaments. Bon, qu'est-ce que vous voulez ? J'ai du travail, moi !

– Nous avons perdu quelque chose dans la fontaine, je peux regarder ?

– Qu'est-ce que vous avez perdu ?

– Heu, ben, c'est difficile à expliquer, c'est petit, c'est...

– Bon, d'accord, mais faites vite.

Pendant trois bonnes minutes, Éva et Tom cherchent le catalyseur mais non... rien. Il a disparu !

– Bon, les jeunes, sortez de cette fontaine maintenant, ma patience a des limites !

Tom n'écoute pas.

Alors l'homme, en colère, saute dans la fontaine.

– Eh, le phosphorescent, crie-t-il, si tu ne sors pas, c'est moi qui vais te faire sortir !

L'homme veut l'attraper mais Tom s'accroche[2] à la machine et... le miracle[3] se produit ! L'aspirateur se met en marche mais il n'aspire pas, au contraire : tout son contenu est expulsé.

Le catalyseur sort de l'aspirateur avec de la terre et des petites pierres.

– Ah non ! s'écrie l'homme. Maintenant, il faut tout recommencer ! Si je t'attrape... !

Mais Tom et Éva sont déjà loin. Ils courent vers l'appartement, heureux d'avoir réussi leur mission.

---

2. S'accrocher : ici, tenir fortement quelque chose.
3. Un miracle : ici, chose extraordinaire.

1. La cachette. Vrai ou faux. Coche et justifie ta réponse avec une phrase du texte.

	VRAI	FAUX
a. Tom est Éva sont cachés dans un arbre.	❏	❏
b. Tom est malade.	❏	❏
c. La boisson *Chtok* est dangereuse pour ses parents.	❏	❏
d. Éva écrit un message à ses parents.	❏	❏
e. Les chiens s'en vont sans raison.	❏	❏

2. Réponds aux questions.

a. Qu'est-ce qui donne de l'énergie à Tom ?

....

....

b. Pourquoi Éva doit-elle sortir de l'arbre ?

....

....

c. Qu'est-ce que le *Chtok* ?

....

....

```
Ticket:    6 du 30/05/2016 14:22:24
Poste:    3 clot: 1068 cais:    1

te Article                      Prix
------------------------------------------
 1 PHOSPHORESCENTS (PAU    8,90  2

    EspΦces                  8,90 EUR
                             8,90 EUR

 1                           8,90

=Taux          HT      TVA      TTC
= 5,50%       8,44     0,46     8,90

         Merci pour votre achat
```

3. À la recherche du catalyseur. Relie les personnages aux actions.

a. Tom.   •   • 1. Prévenir les parents.
b. Éva (*2 réponses*).   •   • 2. S'énerver.
c. Kissy et Beebop.   •   • 3. Chercher le catalyseur.
d. L'employé de la mairie. •   • 4. Demander la permission.

4. La fontaine. Place les verbes dans l'ordre chronologique et indique qui fait les actions.

Ordre	ACTIONS	TOM	ÉVA	L'EMPLOYÉ
N°	**a.** se mettre en colère	❑	❑	❑
N°	**b.** demander quelque chose	❑	❑	❑
N°	**c.** aspirer dans la fontaine	❑	❑	❑
N°	**d.** découvrir le catalyseur	❑	❑	❑
N°	**e.** s'étonner de quelque chose	❑	❑	❑
N°	**f.** expulser dans la fontaine	❑	❑	❑
N°	**g.** s'enfuir	❑	❑	❑
N°	**h.** décrire un objet	❑	❑	❑

5. Détente. Aide Kissy et Beebop à arriver jusqu'à l'appartement des Gauthier. Attention, il faut éviter les photographes !

CHAPITRE SIX

Les adieux

Éva et Tom arrivent à l'appartement.

– Papa, maman ! crie Tom.

Pas de réponse

– Mamaaaan ! Tu es là ?

Les deux jeunes regardent dans le salon, l'atelier, les chambres. Personne.

Ils vont dans la cuisine.

– Mais... qu'est-ce qui s'est passé ? dit Éva. Regarde l'état du four à micro-onde...

– Oh, mon Dieu ! dit Tom... Mes parents doivent aller très mal...

– Qu'est-ce que tu veux dire ?

– Comme ils étaient très faibles, ils ont pris l'énergie des appareils électriques, comme moi j'ai fait avec l'arbre... et c'était trop... les appareils, surchauffés[1], ont explosé...

– Et... où sont-ils maintenant ? demande Éva.

– Je... ne sais pas...

– Regarde !

Sur la table, il y a le flacon de *Chtok* vide avec le message d'Éva.

– Ouf ! Kissy et Beebop ont réussi.

– Tes parents ont laissé un papier à côté du tien, dit Tom.

Éva lit le message à haute voix :

Nous sommes allés dans la maison de campagne. Ivory et Anz sont malades. Ils ont besoin de nature. Venez vite avec le catalyseur ! C'est URGENT !

– C'est quoi la *maison de campagne* ? demande Tom.

1. Surchauffé : trop chauffé.

– C'est une deuxième maison que nous avons à côté d'une forêt. Nous y passons toutes les vacances d'été. C'est à vingt kilomètres environ.

– Comment on fait pour y aller ?

– Il y a un bus, mais il ne passe pas souvent... sinon... il y a... heu... non, ce serait une folie...

– Quoi ? Parle, c'est quoi ton idée ?

– Mon père a une moto dans le garage, mais je ne l'utilise presque jamais ; je ne sais pas si je serai capable...

– Il faut essayer. Et puis, tu n'es pas toute seule, je suis avec toi, dit Tom avec un sourire.

« Il est vraiment beau quand il sourit ! » pense Éva. Mais ce n'est pas le moment de devenir romantique. Il faut partir... et vite ! pour arriver à temps.

Éva prend la clef de la moto, puis ils courent vers le garage. C'est une vieille Honda 456. La jeune fille essaie d'allumer le moteur. Rien. Le véhicule ne part pas. Elle essaie à nouveau. On entend un petit bruit de moteur puis, à nouveau, le silence.

– Ce n'est pas possible ! s'écrie Éva.

Tom ferme alors les yeux et se concentre. Il approche lentement sa main de la clef. Quand elle arrive à quelques centimètres, le moteur s'allume tout seul.

- Il faudra que tu me dises un jour comment tu fais, dit Éva avec un sourire.

Éva conduit dangereusement. Elle va très vite dans les virages[2]. Tom est malade.

- Comment ça va ?! crie Éva. Tu veux que je m'arrête.
- Non, continue ! Nous devons arriver à temps.

* * *

Ils arrivent enfin devant la maison de campagne. Ils entendent alors un énorme bruit qui vient de la forêt. Une lumière verte apparaît au-dessus des arbres.

- Ils viennent nous chercher ! s'exclame Tom.

Ils courent vers la lumière verte. Au même moment, Beebop, Kissy, Anz, Ivory et les parents d'Éva sortent de la maison.

2. Un virage :

Ils arrivent près d'un champ et là...

... ils voient Atazaï et le Professeur Dran.

- Vous voilà enfin ! Vous avez donc reçu mon message ? s'exclame Anz qui semble en meilleure santé.

- Oui, Anz... malgré votre état, le message mental que vous m'avez envoyé est parvenu jusqu'à moi... nous nous connaissons très bien, vous le savez et, comme toujours, nous ressentons ce que l'autre ressent...

- Regarde qui est venu nous chercher, dit Ivory à Tom.

Tom s'approche d'Atazaï et lui prend la main. Elle pleure de joie. Éva les regarde, un peu triste.

- Nous avons eu un problème avec notre générateur, explique Anz au professeur Dran. Nous avons voulu le réparer, avec le docteur Gauthier, qui nous a invités chez lui. Malheureusement, sans le catalyseur, c'était impossible...

- Nous l'avons trouvé, dit Tom. Il était dans la fontaine.

- Ah, vous ne changerez jamais, cher collègue ! Pourtant, je vous conseille toujours de prendre les pièces en double exemplaire...

- Gardez le catalyseur, dit Anz à monsieur Gauthier. Comme ça, vous pourrez nous rendre visite pour les prochaines vacances... Et vous verrez qu'il existe des solutions pour l'écologie, n'est-ce pas, professeur Dran ?

- Oh, oui ! dit le professeur.

Tom s'approche alors d'Éva, l'embrasse sur la joue et lui dit :

- À bientôt !

Ils s'élèvent alors dans le ciel et bientôt... la lumière verte disparaît. Éva sèche une larme[3] et murmure :

- Oui, Tom, nous nous reverrons... j'en suis sûre.

---

3. Une larme :

Activités chapitre six

1. Dans l'appartement. Coche les phrases vraies.

a. Les parents ne sont pas dans l'appartement. ❑

b. Anz et Ivory n'ont pas bu le *Chtok*. ❑

c. Les parents d'Éva ont laissé un message. ❑

d. Tom et Éva décident de partir retrouver leurs parents. ❑

e. Ils vont partir en bus. ❑

2. Réponds aux questions.

a. Où sont les parents de Tom et d'Éva ?

....

....

....

b. Comment Tom fait-il démarrer la moto ?

....

....

....

3. Dans la forêt. Réponds aux questions.

a. Qui arrive dans la forêt ?

....

b. Comment les visiteurs ont-ils découvert l'endroit où se trouvaient Anz et sa famille ?

....

c. Que propose monsieur Anz à monsieur Gauthier ?

....

4. À ton avis...

a. Est-ce que Tom et Éva vont se revoir ? Explique pourquoi.

....

b. Décris ce que Tom doit ressentir quand il s'en va.

....

c. Quels sont les sentiments d'Éva et d'Atazaï
(trouves-en deux minimum par personnage.)

Éva : ....

Atazaï : ....

5. Détente. Découvre les phrases secrètes.

La *langue de feu* (langue parlée) consiste à doubler chaque
syllabe avec le son [f].

Exemple : bonjour = bon**fon**jou**fou**r

....

a. vifivefemenfen léfé profrochaifainefe vafacanfancefe,
sefe difi Éfévafa !

....

b. L'ifistoifoir éfé fifinifi

....

1. Aimerais-tu voyager dans les mondes parallèles ? **Pourquoi ?**

2. Si tu vivais dans un autre monde, tu aimerais qu'il soit comment ?

3. À ton avis, qu'est-ce que monsieur et madame Gauthier ont ressenti quand ils ont vu leurs doubles ?

4. Que penses-tu de l'état de notre planète ? **Comment réagirais-tu si tu étais à la place de Tom ?**

5. Quelles sont les solutions pour ne plus polluer la planète ? **Donnes-en trois.**

6. Et toi ? Fais-tu des actions pour l'écologie ? **Si oui, lesquelles ?**

JEU DE RÔLES

Imagine. Ton double se présente chez toi. Il vient d'un monde parallèle. Que fais-tu ? Comment réagis-tu ? Joue la scène avec un(une) camarade.

Écris

1. Imagine un autre titre pour cette histoire.

....

....

2. Décris une journée habituelle dans un monde parallèle imaginaire. Quelles seraient tes activités ? Comment seraient les lieux, les gens, etc. ?

....

....

....

....

....

....

....

....

3. Écris un texte en rimes sur le thème de la surprise. Commence chaque ligne par ces lettres :

S..

U ....

R ....

P..

R ....

I ....

S..

E..

Test final :
? Tu as tout compris ?

Réponds, regarde les solutions et compte tes points.

1. Anz, Ivory et Tom viennent...

a. de notre planète. .... ❑

b. d'une autre planète. .... ❑

c. d'un monde parallèle. .... ❑

2. Chez eux, on utilise l'énergie...

a. humaine. .... ❑

b. nucléaire. .... ❑

c. solaire. .... ❑

3. Anz, Ivory et Tom sont capables...

a. de courir à la vitesse de la lumière. .... ❑

b. de disparaître. .... ❑

c. d'allumer des appareils électriques sans les toucher. .... ❑

4. Les parents de Tom et ceux d'Éva sont...

a. des jumeaux. .... ❑

b. des doubles. .... ❑

c. des clones. .... ❑

5. Tom et ses parents ne peuvent pas retourner chez eux car...

a. ils ont perdu le catalyseur. .... ❏

b. ils ont perdu le générateur. .... ❏

c. quelqu'un a volé le générateur. .... ❏

6. Anz, Ivory et Tom sont malades à cause de...

a. la lumière. .... ❏

b. l'alimentation. .... ❏

c. la pollution. .... ❏

7. Éva et Tom trouvent le catalyseur...

a. dans un arbre. .... ❏

b. dans une poubelle. .... ❏

c. dans l'aspirateur d'un employé de mairie. .... ❏

8. Pour se sentir mieux, Les parents de Tom avec ceux d'Éva sont...

a. partis en vacances au bord d'un lac.................................... ❏

b. partis dans la maison secondaire des parents d'Éva,

dans la forêt. .... ❏

c. partis faire un tour en bateau. .... ❏

9. Atazaï est venue secourir Tom...

a. seule. .... ❏

b. avec le professeur Dran. .... ❏

c. avec son père.. ❏

10. Quand Tom part, Éva est...

a. indifférente... ❏

b. heureuse. .... ❏

c. triste. .... ❏

Les jeux de la Francophonie

Lis le texte puis réponds aux questions.

Les Jeux de la Francophonie
C'est un grand rendez-vous sportif organisé par l'OIF (Organisation Internationale de la Francophonie). Il réunit tous les quatre ans des jeunes de divers pays francophones autour du sport, mais aussi de la culture et du développement durable.

Le concours « création écologique »

L'OIF propose un nouveau concours sur le thème « création écologique », à l'occasion des jeux de la Francophonie de Nice. Vous pouvez y participer si vous avez entre 18 et 35 ans et que vous venez d'un pays membre ou observateur de l'OIF. Votre création peut être une œuvre d'art ou un projet artistique sur l'écolo-

gie. Vous devez choisir une catégorie entre : *Arts de la rue, Hip-hop, Marionnettes géantes, Peinture, Sculpture, Chanson, Contes, Danse, Littérature, Photographie.* Pour participer, il faut passer une première sélection dans votre pays. Chaque pays peut présenter un maximum de 5 personnes par catégorie. Renseignez-vous vite sur le site http://jeux.francophonie.org/ c'est peut-être la chance de votre vie !

Le saviez-vous ?
L'OIF est très active sur le thème de l'écologie. Elle organise des congrès entre les présidents des différents pays pour chercher ensemble des solutions face à ce problème. Lors du dernier congrès, Stephen Harper, le Premier ministre canadien à déclarer « Il faut trouver une solution complète et véritablement planétaire aux changements climatiques ». Les pays francophones se sont engagés à « coopérer pour qu'en 2050 les gaz à effet de serre soit diminués de 50 %. » Comment sera la Terre en 2050 ? Ces actions arriveront-elles à sauver notre planète de la catastrophe écologique ? Les questions restent en suspens...

1. Les jeux de la Francophonie. Réponds

a. Qui organise les jeux de la Francophonie ?

....

b. Quelle est la fréquence des jeux de la Francophonie ?

....

2. Le concours « création écologique ». Réponds aux questions.

a. Où se passe le nouveau concours ?

1. À Paris. ❏

2. À Nice. ❏

3. À Bruxelles. ❏

b. Tu peux passer ce concours...

1. jusqu'à 18 ans. ❏

2. à partir de 18 ans. ❏

3. à partir de 35 ans. ❏

3. Écologie et OIF.

a. Citer une action de l'OIF pour l'écologie.

....

b. Le premier ministre canadien pense...

1. que tous les pays doivent agir ensemble. ❏

2. que chaque pays doit agir seul. ❏

3. qu'il est impossible de résoudre le problème
au niveau planétaire. ❏

c. Quels objectifs ont été donnés pendant le congrès ?

....

Prépare la lecture : Activité 1 : c. Ils se ressemblent. ■ **Activité 2 :** a. 3 - b. 1 - c. 2 - d. 4 ■ **Activité 3 :** a. Il est vert et jaune et a des pattes longues et fines. ■ **Activité 4 :** futur - imaginer ■ **Chapitre 1 : Activité 1 :** a. vrai - b. faux - c. faux - d. vrai - e. vrai ■ **Activité 2 :** a. Ils pensent être arrivés chez eux. - b. Non. Ce monde est similaire à leur monde mais ce n'est pas le leur. - c. À cause d'une erreur de propulsion est cassé. - e. Ils ne peuvent pas repartir. ■ **Activité 3 :** a. surnaturel - b. particulier - c. similaire - d. majestueux ■ **Activité 4 :** a. 3 - b. 4 - c. 2 - d. 1 ■ **Chapitre 2 : Activité 1 :** a. 2 - b. 3 - c. 1 ■ **Activité 2 :** a. L'immeuble où vit Éva est le même que celui des visiteurs - b. Dans le monde d'Éva, les rues sont sales et l'air est différent. - c. Dans certains, les dinosaures vivent encore ; dans d'autres, les océans ont recouvert la planète. ■ **Activité 3 :** a - c - e - f ■ **Activité 4 :** Réponse libre. ■ **Chapitre 3 : Activité 1 :** a. Elle croit qu'elle a rêvé. - b. Parce que Beebop apparaît dans sa chambre et saute sur son lit. ■ **Activité 2 :** a. vrai - b. faux - c. faux - d. vrai ■ **Activité 3 :** a. Le poisson des abysses. - b. On le trouve dans le fond des océans. ■ **Activité 4 :** a. 6 - b. 3 - c. 4 - d. 1 - e. 5 - f. 2 ■ **Activité 5 :** a. cata / lis / heure = catalyseur - b. 1. rit 2. pain 3. eau 4. sans ■ **Chapitre 4 : Activité 1 :** a. Parce qu'elle n'a pas de nouvelles de Tom. - b. Elle va à Tahiti pour y rencontrer le professeur Dran. - c. C'est sa petite amie. ■ **Activité 2 :** a. vrai/Tous les appareils électriques de la cuisine s'allument puis explosent. - b. vrai/Ivory est tombée sur le sol. Elle ne brille plus. Sa peau est très blanche./Anz est aussi par terre et il ne peut plus bouger. - c. faux/Monsieur et madame Gauthier essaient de le déplacer, mais... impossible ! - d. faux/Appeler un médecin ? Non, pas question ! - e. vrai/Ils essaient d'appeler Éva sur son portable. ■ **Activité 3 :** a. À cause de la pollution. - b. Cela produit des étincelles. - c. Ils pensent que la police ne les croirait pas. ■ **Activité 4 :** a. A. 2 O. 6 U. 1 E. 5 S. 7 C. 4 R. 3 b. Code = écrire la lettre qui correspond au nom du dessin. / Au secours. ■ **Chapitre 5 : Activité 1 :** a. vrai/Éva et Tom sont cachés dans le tronc d'un immense baobab. - b. vrai/Tom souffre de la pollution et ne brille plus. - c. faux/Ça s'appelle du *Chtok*... ils doivent en boire sinon... - d. vrai/Elle écrit qu'ils sont dans le jardin botanique. - e. faux/Elle attache le message et le flacon autour du cou de Kissy et lui dit : *Va à la maison, ma belle, vite, vite !* ■ **Activité 2 :** a. L'arbre dans lequel se trouvent les adolescents. - b. Parce que la lumière est trop forte. - c. Une boisson énergisante à base d'essences naturelles. ■ **Activité 3 :** a. 3 - b. 3 / 4 - c. 1 - d. 2 ■ **Activité 4 :** a. 5/L'employé - b. 3/Éva - c. 1/l'employé - d. 7/Tom - e. 2/l'employé - f. 6/Tom - g. 8/Tom et Éva - h. 4/Éva ■ **Activité 5 :**

Chapitre 6 : Activité 1 : a - c - d ■ **Activité 2 :** a. Ils sont allés dans la maison de campagne des Gauthier. - b. Il se concentre et approche sa main de la clef et la moto démarre. ■ **Activité 3 :** a. Atazaï et le professeur Dran. - b. Le professeur Dran a reçu un message mental de monsieur Anz. - c. De passer les prochaines vacances dans son monde parallèle. ■ **Activité 4 :** Réponse libre ■ **Activité 5 :** a. Vivement les prochaines vacances, se dit Éva. - b. L'histoire est finie. ■ **Test final : Tu as tout compris ? :** 1. c - 2. a - 3. c - 4. b - 5. a - 6. c - 7. c - 8. b - 9. b - 10. c ■ **Découvre Activité 1 :** a. L'OIF. - b. Tous les 4 ans. ■ **Activité 2 :** a. 2 - b. 2 ■ **Activité 3 :** a. Organiser des congrès. - b. 1 - c. Diminuer de 50 % les gaz à effet de serre. ■

Projet : 10189381
Achevé d'imprimé en France en août 2012
sur les presse de IME

Le papier de cet ouvrage est composé de fibres naturelles,
renouvelables, fabriquées à partir de bois provenant
de forêts gérées de manière responsable.